Armin Täubner

WICHTEL-WEIHNACHT

Fensterbilder aus Tonkarton

frechverlag

Weitere weihnachtliche Titel von Armin Täubner im frechverlag:

TOPP 1587

TOPP 1707

TOPP 1696

TOPP 1589

TOPP 1695

TOPP 1703

Fotos: frechverlag GmbH + Co. Druck KG, 70499 Stuttgart · Birgitt Gutermuth

Auflage: 5. 4. 3. 2. 1. | Letzte Zahlen
Jahr: 1998 97 96 95 94 | maßgebend

ISBN 3-7724-1841-4 · Best.-Nr. 1841
Druck: frechverlag GmbH + Co. Druck KG, D-70499 Stuttgart

Wenn es dämmert im winterlichen Wald, beginnt dort ein geschäftiges Treiben. Dann machen sich nämlich die Wichtel auf, den Weihnachtsbaum zu schmücken und die Geschenke zu verteilen. Dabei bieten ihnen die Wolken und Meister Lampe ihren Dienst an.

So sind die kleinen Kerle eifrig bemüht, allen eine Freude zu machen. Daher haben sie sich ein Schläfchen im Lehnstuhl redlich verdient!
Trotz allen Vorbereitungen bleibt den bärtigen Gesellen immer ein wenig Zeit, Lebkuchen zu naschen oder Freunde im Wald zu besuchen.

Seien Sie also nicht erstaunt, wenn Sie in nächster Zeit heimliches Lachen und aufgeregtes Wispern an Ihren Fenstern vernehmen – es sind die Wichtel!

Schritt für Schritt

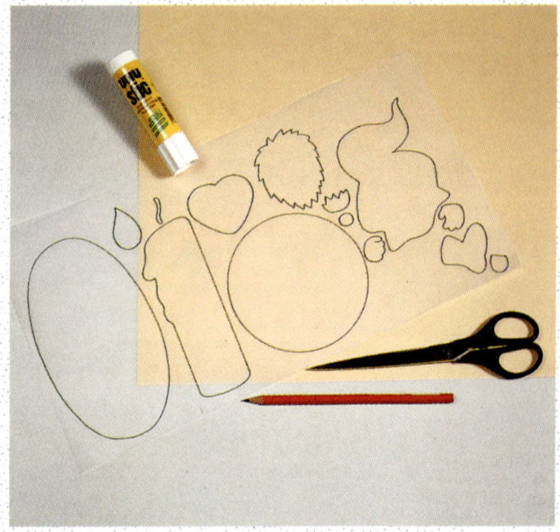

Bild 1:
Übertragen Sie alle Motivteile ohne Überschneidungen auf Transparent- oder Butterbrotpapier und kleben Sie dieses anschließend auf einen dünnen Karton.

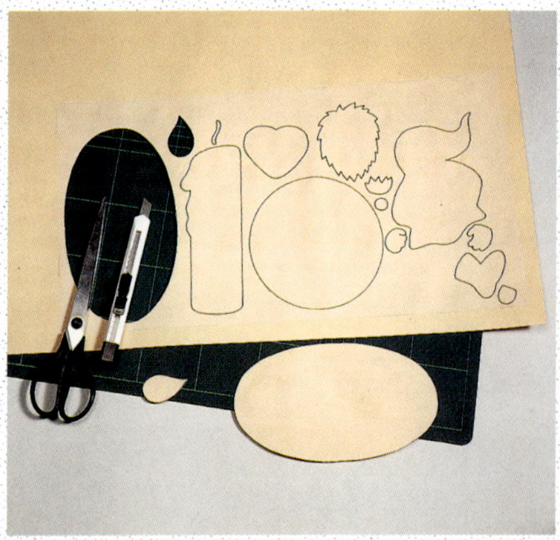

Bild 2:
Dann werden die Teile ganz exakt mit einer Schere oder einem Cutter ausgeschnitten. Wenn Sie mit dem Cutter arbeiten, müssen Sie eine Schneideunterlage verwenden.

Schritt für Schritt

Bild 3:
Legen Sie die Schablonen auf den Tonkarton der gewünschten Farbe. Die Umrisse werden sorgfältig mit einem feinen Bleistift nachgezogen, dann schneiden Sie die einzelnen Teile aus.

Bild 4:
Zum Schluß kleben Sie Ihr Motiv zusammen – die Vorlage und das Foto geben Ihnen Positionierungshilfen. Nach Belieben können Sie Ihr Fensterbild noch plustern. Die Plusterfarbe sollte sofort nach dem Auftragen gefönt werden.

Luftpost

Das Kopfteil (gepunktete Linie) an die Kapuze anlegen und das weiße Haar-Bart-Teil (durchgezogene Linie) aufkleben. Anschließend malen Sie das Gesicht auf.

Den Stiefel doppelt ausschneiden und die Nähte aufmalen. Die grüne Hose wird von hinten am Jäckchen befestigt. Von vorne bringen Sie den Ärmel mit der Hand an. Zeichnen Sie die Fingerlinien ein.

Dann werden die beiden Fahnenstangen samt Fahnen auf der Wolke angeklebt. Danach setzen Sie den Wichtel auf die Wolke. Geschenksack, Päckchen und Sterne wurden zum Schluß auf der Wolke verteilt.

Überarbeiten Sie das Fensterbild mit Tusche und Pluster-Pen.

Im verschneiten Wald

Den Wichtelkopf (gepunktete Linie) an die Kapuze anlegen und das weiße Haar-Bart-Teil (durchgezogene Linie) darüberkleben. Die Hose samt Stiefeln befestigen Sie von hinten am Wichtelkittel und malen die Nähte an den Stiefeln auf. Die Hände werden von hinten an den Ärmeln befestigt. An der rechten Hand den Stock hinter den Daumen schieben und das separate Fingerteil (gepunktete Linie) aufkleben. Beide Ärmel werden am Kittel befestigt. (Achtung: unter die linke Hand muß noch die Schlittenschnur passen!) Zeichnen Sie die Finger ein.
Schneiden Sie den Schlitten (gestrichelte Linie) als ein Teil aus und fixieren Sie daran von hinten das Holzteil (gepunktete Linie). Die Holzmaserung und die Rindenstruktur anschließend mit Filzstift bzw. Tuschefüller aufmalen.
Auf der Schneefläche bringen Sie zuerst den Tannenbaum an und plazieren davor den Wichtel und den Schlitten.
Bringen Sie die Schlittenschnur an und überarbeiten Sie abschließend das Fensterbild mit Pluster-Pen.

Reicht die bis Weihnachten?

Am weißen Haar-Bart-Teil (durchgezogene Linie) befestigen Sie das Gesichtsteil (gestrichelte Linie) und die Nase (punktierte Linie) und malen anschließend das Gesicht auf.

Der Kopf wird am roten Rumpf angeklebt. Schneiden Sie das Hosenteil und die Stiefel doppelt aus, und ordnen Sie jeweils ein Stiefelteil auf einem Hosenteil an. Anschließend die Stiefelnähte aufmalen. Dann die Hosenteile leicht versetzt von hinten am roten Gewand fixieren.

Die Kerze wird vor den Wichtel gestellt und an seinem rechten Ärmel angeklebt. Nun bringen Sie das separate Fingerteil (gepunktete Linie) an. Abschließend am linken Ärmel von hinten die Hand befestigen und den Ärmel am Jäckchen fixieren.

Überarbeiten Sie das Bild mit Plusterfarben.

Gemütliches Knabberstündchen

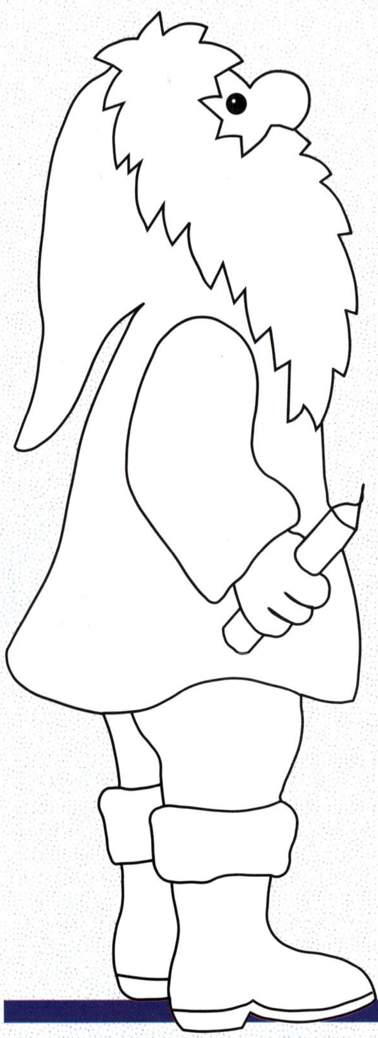

Befestigen Sie das Gesichtsteil (gestrichelte Linie) und die Nase (gepunktete Linie) an dem weißen Haar-Bart-Teil und malen Sie das Gesicht auf.

Nun die beiden Hände auf das Lebkuchenherz legen und dahinter das rote Gewand befestigen. Mit einer schwarzen Linie den linken Ärmel andeuten. Den Stiefel (gepunktete Linie) schneiden Sie zweimal aus. Jeweils den Absatz (gestrichelte Linie) ankleben und mit einer Linie die Sohle andeuten.

An der Kerze fixieren Sie von hinten den Schein und bringen danach die Flamme und den Docht an. Zum Schluß wird die Kerze auf die ovale Bodenfläche gestellt, und der Wichtel nimmt davor Platz.

Setzen Sie mit Pluster-Pen einige Akzente.

Auf Wanderschaft im Dunkeln

Legen Sie das Gesichtsteil (gepunktete Linie) an die Kapuze und kleben Sie das weiße Haar-Bart-Teil (durchgezogene Linie) an. Anschließend wird das Gesicht aufgemalt.

Den Sack von hinten am Wichtelrücken und an der Mütze befestigen. Danach Flicken und Nähte mit Tuschefüller aufzeichnen.

Ärmel bzw. Hose fixieren Sie von vorne bzw. von hinten am Jäckchen. Hand samt Kerze sowie die Stiefel werden angeklebt. Zum Schluß malen Sie noch die Stiefelnähte und Hosenfalten auf.

Konturieren Sie die Kanten mit Pluster-Pen.

Die Mütze paßt!

Zuerst setzen Sie dem Schneemann die Mütze auf und schieben den Stock unter seinen Arm.

An den roten Wichtelrumpf (gestrichelte Linie) den Kopf (gepunktete Linie) anlegen und das weiße Haar-Bart-Teil (durchgezogene Linie) daraufkleben. Anschließend das Ohr befestigen und das Gesicht aufmalen.

Auf das Hosenteil (gepunktete Linie) kleben Sie die Stiefel (gestrichelte Linie), wobei Hosenbeine und Stiefel jeweils durch eine schwarze Linie getrennt werden. Stiefelnähte aufzeichnen und Hose und Ärmel samt Hand am Wichtelgewand befestigen.

Abschließend ordnen Sie Wichtel und Schneemann auf der Schneefläche an.

Tupfen Sie mit weißem Pluster-Pen den Schnee auf.

Im trauten Heim

Aus der hellbraunen Wand die beiden Fensteröffnungen herausschneiden und den Fensterrahmen (gestrichelte Linie) aufkleben. Anschließend auf dem Sims die beiden Tannenzweige samt Kerzen plazieren.
Als Teppich kleben Sie einen schmalen, grünen Kartonstreifen auf. Oben an der Decke die Schneefläche anbringen.
Am Sessel werden Armlehne und Fußstütze befestigt. Malen Sie die Flicken mit Tuschestift auf.
Am Zwergenjäckchen befestigen Sie von hinten das Hosenteil samt Stiefel. Achten Sie darauf, daß der zweite Stiefel leicht versetzt von hinten am ersten Stiefel bzw. an der Hose befestigt wird. Nun kleben Sie den Wichtelrumpf von hinten so am Sessel an, daß die Mütze vollständig sichtbar ist.
Zum Schluß wird noch das weiße Haar-Bart-Teil mit dem Wichtelgesicht ergänzt.
Umrahmen Sie Sessel, Teppich, Tannenzweige, Lichtscheine, Wichtelhaare und Schneefläche mit Pluster-Pen.

Der Wichtel-kurier

Kleben Sie am Hasenkopf die Ohren an, und malen Sie das Gesicht auf.

Das Gesichtsteil des Wichtels (punktierte Linie) an die Kapuze anlegen und das weiße Haar-Bart-Teil (durchgezogene Linie) daraufkleben. Das Wichtelgesicht aufmalen.

Am Wichtelkittel die Hose samt Schuh bzw. den Ärmel mit der Hand ankleben.

Abschließend setzen Sie den Wichtel auf den Hasenrücken.

Umfahren Sie die weißen Flächen und den Jackensaum mit Plusterfarbe.

Willkommen bei Wichtels!

Auf das dunkelgrüne Tannenteil (durchgezogene Linie) kleben Sie das Schneeteil (kleingestrichelte Linie). Die schneebedeckten Tannen werden auf dem Bodenteil plaziert.
Auf dem hellbraunen Hausteil (durchgezogene Linie) das Schneedach (gestrichelte Linie) befestigen. Zwischen Türrahmen und Tür wird der mehrteilige Wichtelkopf fixiert.
Den dunkelbraunen Fensterrahmen hinterkleben Sie gelb und befestigen dann Fenster und Türrahmen am Haus.
Rechts neben der Tür fixieren Sie zuerst den Holzpfosten und dann den Holzstapel (punktierte Linie). Zwischen Pfosten und Türrahmen plazieren Sie anschließend die Laterne. Mit Tuschefüller und Filzstift wird dann noch die Holzmaserung bzw. die Rinde angedeutet.
Nun das Wichtelhaus vor den beiden Tannen ankleben und davor noch den Zaun anordnen. Verteilen Sie weißen Plusterschnee auf den Flächen und Bäumen.

Unter dem Weihnachtsbaum

Zuerst kleben Sie auf das weiße Haar-Bart-Teil (durchgezogene Linie) das Gesicht (gestrichelte Linie) und die Nase und malen dann Augen und Mund auf.

Anschließend wird das Haar-Bart-Teil am Rumpf befestigt. Die Ärmel durch zwei Linien andeuten.
Danach fixieren Sie die Hände von hinten an den Ärmeln. Zeichnen Sie die Finger ein.

Zum Schluß den Wichtel vor dem Weihnachtsbaum positionieren.

Schmücken Sie den Weihnachtsbaum mit Kerzen, Äpfeln und dem Stern.

Umfahren Sie den Kopf des Wichtels und die Kerzenscheine mit Plusterfarbe.

Winterliche Rast

Zunächst kleben Sie auf das weiße Haar-Bart-Teil (durchgezogene Linie) das Gesichtsteil (gestrichelte Linie) und die Nase und malen dann das Gesicht auf.

An der Jacke wird von hinten das Hosenteil (gepunktete Linie) befestigt. Anschließend stellen Sie Sack und Wichtel hinter die Wurzeln und kleben dann die beiden Hände an. Mit Tuschefüller noch den Verlauf des linken Ärmels und die Finger andeuten; die Flicken auf den Sack malen.

Die beiden Schneeflächen befestigen Sie auf der Wurzel, bevor diese schließlich auf der Bodenfläche fixiert wird.
Mit einem Tuschefüller abschließend noch die Holzmaserung andeuten.

Nun fehlt nur noch der Plusterschnee.

Feierabend!

Schneiden Sie den Tisch als ein Teil aus und malen Sie den Verlauf der Bretter und die Holzmaserung auf.
Den Stuhl (gestrichelte Linie) von hinten am Tisch fixieren.
Mit Tusche wird die Holzmaserung ergänzt.

Am roten Ärmelteil (gestrichelte Linie) werden die beiden Hände befestigt. Das weiße Haar-Bart-Teil (durchgezogene Linie) schieben Sie dann in das rote Ärmelteil. Das Gesichtsteil und die Nase aufkleben und das Gesicht aufmalen.

Den Wichtel an Stuhl und Tischplatte befestigen und die Mütze an die Stuhllehne hängen.

Zuletzt plazieren Sie den gefüllten Stiefel vor dem Tisch.

Dicke Freunde

Befestigen Sie am Hasenkopf die Ohren und malen Sie Gesicht und Innenohr auf.

Anschließend das Gesichtsteil des Wichtels (gepunktete Linie) an die Kapuze anlegen und das weiße Haar-Bart-Teil (durchgezogene Linie) aufkleben. Das Gesicht aufmalen.

Am roten Kittel befestigen Sie Ärmel samt Hand bzw. Hose samt Stiefel.

Zum Schluß setzen Sie den Wichtel auf den Hasenrücken.

Hier sitz' ich warm!

(Titelbild)

Am weißen Haar-Bart-Teil (durchgezogene Linie) das Gesichtsteil (gestrichelte Linie) sowie die Nase (gepunktete Linie) anbringen. Anschließend werden die Augen und der Mund aufgemalt.

Am roten Rumpf befestigen Sie von vorne das Haar-Bart-Teil und von hinten die grüne Hose (punktierte Linie).

Den Wichtel zwischen die beiden Kerzen setzen und Hände und Schuhe ankleben. Malen Sie das Gesicht und die Linien an den Händen auf. Von hinten werden die Bodenplatte und die Kerzenscheine angebracht. Zum Schluß kleben Sie noch die Kerzenflammen und die Dochte an.

Konturieren Sie mit Pluster-Pen Flammen, Lichtscheine und den Kopf des Wichtels.

Philipp von Zabern

Nicht eine Gesamtschau ist hier beabsichtigt, sondern einzelne Aspekte werden exemplarisch vorgestellt und bewußt kontrovers nebeneinandergesetzt: die soziale Stellung von Frauen in Ägypten und die Realitäten ihres Alltags; Königinnen, Priesterinnen und Bürgerliche aus der wechselvollen Geschichte des alten Vorderen Orients; rechtlich entmündigte Frauen im klassischen Athen und das Faszinosum »Amazonen«, für den Griechen Traum- und Schreckensbild zugleich; überleitend in die Neuzeit dann ein Blick auf die bedeutende Rolle, die Frauen im Handel und Gewerbe mittelalterlicher Städte spielen; in unsere Gegenwart führen schließlich ungewohnte Gedanken zu Frauen im heutigen Islam.
Wissensvermittlung und präzise Information sind nur *ein* Ziel dieser Beiträge, vor allem möchten sie Anregung sein zu einer vertieften Auseinandersetzung mit der Geschichte der Frauen, die mitnichten »nur schön« waren, durch die Jahrtausende!

Autoren

Prof. Dr. Manfried Dietrich,
Prof. Dr. Hartmut Döhl,
Prof. Dr. Erika Endesfelder,
Prof. Dr. Erika Glann,
Dr. Ruth Röwer-Döhl,
Dr. Bettina Schmitz,
Ute Steffgen M. A.
und Dr. Margret Wensky.